AF707719

Nicole Weber

Feuer

Spannende Materialien für einen abwechslungsreichen Unterricht

PERSEN

Nicole Weber arbeitet als Grundschullehrerin in Niedersachsen und veröffentlichte bereits zahlreiche Unterrichtsmaterialien für die Grundschule.

Wir verwenden in unseren Werken eine genderneutrale Sprache, damit sich alle gleichermaßen angesprochen fühlen. Wenn keine neutrale Formulierung möglich ist, nennen wir die weibliche und die männliche Form. In Fällen, in denen wir aufgrund einer besseren Lesbarkeit nur ein Geschlecht nennen können, achten wir darauf, den unterschiedlichen Geschlechtsidentitäten gleichermaßen gerecht zu werden.

In diesem Werk sind nach dem MarkenG geschützte Marken und sonstige Kennzeichen für eine bessere Lesbarkeit nicht besonders kenntlich gemacht. Es kann also aus dem Fehlen eines entsprechenden Hinweises nicht geschlossen werden, dass es sich um einen freien Warennamen handelt.

4. Auflage 2026
© 2019 PERSEN Verlag, Hamburg

AAP Lehrerwelt GmbH
Veritaskai 3
21079 Hamburg
Telefon: +49 (0) 40325083-040
E-Mail: info@lehrerwelt.de
Geschäftsführung: Andrea Fischer, Sandra Saghbazarian
USt-ID: DE 173 77 61 42
Register: AG Hamburg HRB/126335
Alle Rechte vorbehalten.

Das Werk als Ganzes sowie in seinen Teilen unterliegt dem deutschen Urheberrecht. Die Erwerbenden einer Einzellizenz des Werkes sind berechtigt, das Werk als Ganzes oder in seinen Teilen für den eigenen Gebrauch und den Einsatz im eigenen Präsenz- wie auch dem Distanzunterricht zu nutzen. Produkte, die aufgrund ihres Bestimmungszweckes zur Vervielfältigung und Weitergabe zu Unterrichtszwecken gedacht sind (insbesondere Kopiervorlagen und Arbeitsblätter), dürfen zu Unterrichtszwecken vervielfältigt und weitergegeben werden.

Die Nutzung ist nur für den genannten Zweck gestattet, nicht jedoch für einen schulweiten Einsatz und Gebrauch, für die Weiterleitung an Dritte einschließlich weiterer Lehrkräfte, für die Veröffentlichung im Internet oder in (Schul-)Intranets oder einen weiteren kommerziellen Gebrauch. Mit dem Kauf einer Schullizenz ist die Schule berechtigt, die Inhalte durch alle Lehrkräfte des Kollegiums der erwerbenden Schule sowie durch die Schülerinnen und Schüler der Schule und deren Eltern zu nutzen.

Nicht erlaubt ist die Weiterleitung der Inhalte an Lehrkräfte, Schülerinnen und Schüler, Eltern, andere Personen, soziale Netzwerke, Downloaddienste oder Ähnliches außerhalb der eigenen Schule.
Eine über den genannten Zweck hinausgehende Nutzung bedarf in jedem Fall der vorherigen schriftlichen Zustimmung des Verlags. Sind Internetadressen in diesem Werk angegeben, wurden diese vom Verlag sorgfältig geprüft. Da wir auf die externen Seiten weder inhaltliche noch gestalterische Einflussmöglichkeiten haben, können wir nicht garantieren, dass die Inhalte zu einem späteren Zeitpunkt noch dieselben sind wie zum Zeitpunkt der Drucklegung. Der PERSEN Verlag übernimmt deshalb keine Gewähr für die Aktualität und den Inhalt dieser Internetseiten oder solcher, die mit ihnen verlinkt sind, und schließt jegliche Haftung aus.

Die automatisierte Analyse des Werkes, um daraus Informationen insbesondere über Muster, Trends und Korrelationen gemäß § 44b UrhG („Text und Data Mining") zu gewinnen, ist untersagt.

Autorschaft: Nicole Weber
Covergestaltung: TSA&B Werbeagentur GmbH, Hamburg
Illustrationen: Katharina Reichert-Scarborough (Hauptillustratorin), Andrea Frich-Snuggs (Blitz S. 9), Barbara Gerth (Feuer S. 6, 30, Zusatzmaterial) Manuela Ustadal (Telefon im Zusatzmaterial), Georg Wieborg (Vulkan S. 9)
Logo Feuerwehr S. 33: Versandhaus des Deutschen Feuerwehrverbandes GmbH
Satz: Typographie & Computer, Krefeld
Druck und Bindung: Esser printSolutions GmbH, Bretten

ISBN/Bestellnummer: 978-3-403-20352-0
www.persen.de

Inhaltsverzeichnis

Digitales Zusatzmaterial:

- Alle Arbeitsblätter
- Lösungen
- Extras:
  - Mein Feuer-Lapbook
  - Aktionen rund ums Feuer
  - Ein Elfchen schreiben zum Thema Feuer
  - Feuer-Rechnereien
  - Quiz für zwei
  - Urkunde

© Persen Verlag

Vorwort und Hinweise

Feuer zieht Kinder magisch an. Sie wollen Kerzen anzünden und auspusten, am Lagerfeuer sitzen oder sind von brennenden Fackeln fasziniert. Feuer kann Kindern ein heimeliges Gefühl geben, aber auch Angst machen.
Der richtige Umgang mit Feuer steht im Mittelpunkt dieses Themenheftes. Die Kinder lernen verschiedene Regeln kennen, wie sie mit Feuer umgehen sollten und zum Beispiel sicher Streichhölzer entzünden.

Die Schüler[1] lernen außerdem, wie wichtig Feuer früher für die Menschen war und welche Möglichkeiten es damals gab, ein Feuer zu entzünden. Ein weiterer Schwerpunkt dieses Themenheftes liegt auf der Erklärung des „Phänomens Feuer" – also wie Feuer entsteht, was es zum Brennen benötigt und wie es gelöscht werden kann. Die Experimente sollen den Schülern die Möglichkeit geben, Erklärungen zum Phänomen Feuer zu erhalten.

Hinweise zum Aufbau und Einsatz dieses Themenheftes

Dieses Themenheft bietet Ihnen unterschiedliche Materialien für die 1. bis 4. Klasse zum Thema „Feuer". Jedes Arbeitsblatt steht für sich, sodass Sie das Material unabhängig und individuell nach den Bedürfnissen Ihrer Klasse einsetzen können.

Auf den jeweiligen Arbeitsblättern müssen die Schüler zum Teil Wissen aus unterschiedlichen Fächern anwenden, sodass das vernetzte Lernen ganz natürlich gefördert wird.

Aufgaben, die mit einem Stern versehen sind, kennzeichnen anspruchsvollere Arbeitsaufträge. Diese können zur qualitativen Niveaudifferenzierung eingesetzt werden.

Außerdem enthält dieses Themenheft Arbeitsblätter mit besonderen Schwerpunkten, die Sie an folgenden Symbolen erkennen:

Projekt | Experiment | Rätsel | Interview

Am Ende des Heftes finden Sie außerdem eine Liste mit wichtigen Fachbegriffen sowie eine Lernzielkontrolle mit Fragen zum Inhalt des gesamten Heftes.

Zusatzmaterial

Das Zusatzmaterial enthält:

- die Arbeitsblätter dieses Heftes im editierbaren Word-Format, sodass Sie die Arbeitsblätter selbst anpassen können,
- die Lösungen zu den Arbeitsblättern (PDF) und
- Extras.

[1] Wir sprechen hier wegen der besseren Lesbarkeit von Schülern bzw. Lehrern in der verallgemeinernden Form. Selbstverständlich sind auch alle Schülerinnen und Lehrerinnen gemeint.

© Persen Verlag

Vorwort und Hinweise

Tipps für die Praxis

- Tipp zum Einstieg in das Thema: Sie können verschiedene Fragestellungen zum Thema Feuer auf DIN-A3-Bögen schreiben und auf Tische legen. Die Schüler wandern auf ein Signal hin von einem Tisch zum anderen und schreiben ihre Ideen, Gedanken und ihr Vorwissen zu den Aufgabenstellungen auf. Im Anschluss an diese Übung werden die Ergebnisse vorgelesen. Folgende Fragestellungen können auf den Bögen stehen: Was passiert, wenn etwas brennt? Wo begegnet dir Feuer? Was brennt? Wie kann Feuer gelöscht werden?
- Der Einstieg in das Thema kann ebenso mit einem Gedankenschwarm geschehen. Auch ein Kugellager bietet sich an. Die Methode des Kugellagers kann durchaus auch zur Wiederholung einzelner Aspekte, z. B. zur Wiederholung der verschiedenen Löschverfahren, genutzt werden.
- Die Texte auf den Arbeitsblättern sind teilweise etwas länger, sodass auch stärkere und ältere Schüler entsprechend gefordert werden. Leistungsschwächeren Schülern können diese Texte z. B. von einem Partner vorgelesen werden.
- Zum Ende der Einheit können die Schüler ein Lapbook basteln, in dem alle Arbeitsergebnisse festgehalten werden. Für das Feuer-Lapbook müssen die Vorlagen mehrfach kopiert werden. Zudem wird ein Bogen Pappe im DIN-A3-Format für jeden Schüler benötigt.
- Auch das Sammeln der Ergebnisse in einem „Feuer-Heft“ oder in einer „Feuer-Mappe“ ist möglich.
- Das vorliegende Material kann auch als Lernstationen angeboten werden. Dafür müssen die Arbeitsblätter Stationen-Überschriften erhalten und ein kleiner Laufzettel sollte angefertigt werden.

Gedankenschwarm zum Thema Feuer

1. **Schreibe alles, was dir zum Thema „Feuer“ einfällt, um das Wort herum.**
2. **Denke auch daran, wie ein Feuer entsteht oder wie es gelöscht werden kann.**

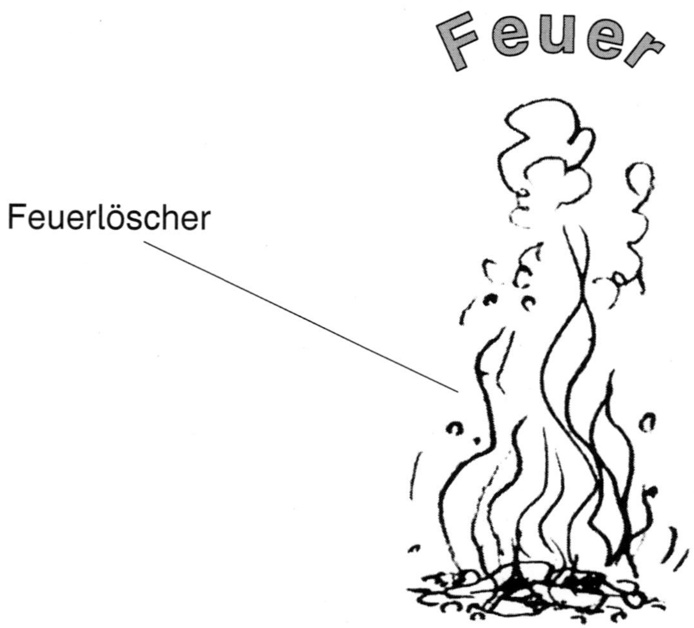

Die Menschen und das Feuer

1. Lies den Text.

Die Menschen und das Feuer

Die Menschen haben schon früh gelernt, das Feuer für sich zu nutzen. Feuer wärmte sie und gab ihnen Licht. Bereits in der Steinzeit kochten die Menschen an einer Feuerstelle und trafen sich dort. Außerdem schützte Feuer vor wilden Tieren.

Leider ging das Feuer oft wieder aus, sodass die Steinzeitmenschen lernen mussten, wie sie ein Feuer am Brennen halten oder ein neues entfachen.

Auch im Mittelalter war Feuer für das Kochen, für Wärme, für Licht und vieles andere wichtig. Aber zu dieser Zeit war das Feuer auch besonders gefährlich, denn die Menschen bauten ihre Häuser damals aus Holz und hatten innen offene Feuerstellen. So kam es oft zu Bränden.

Wenn ein Feuer ausbrach, mussten die Menschen schnell handeln. Sie schöpften mit Eimern Wasser aus Brunnen und gaben Eimer für Eimer in einer Menschenkette bis zum brennenden Haus weiter.

Damals standen die Häuser in den Städten auch sehr nah zusammen, sodass das Feuer oft von einem Haus auf das nächste übergriff. Im Mittelalter gab es viele Brände, bei denen ganze Dörfer oder sogar auch ganze Städte verbrannten.

Um sich und ihre Häuser zu schützen, begannen die Menschen, ihre Häuser überwiegend aus Stein zu bauen. In Städten wurden außerdem Brandmauern errichtet, die das Feuer aufhalten sollten. Außerdem gab es Nachtwächter, die nachts durch die Straßen gingen und Alarm schlugen, wenn sie ein Feuer bemerkten. Viele Städte wurden auch von Wachtürmen aus beobachtet. Wenn die Wachen ein Feuer entdeckten, meldeten sie es sofort.

© Persen Verlag

2. Lies die Aussagen über die Menschen und das Feuer. Was stimmt, was stimmt nicht? Kreise die Zahl ein.

Aussage	Stimmt	Stimmt nicht
Leider wussten die Menschen in der Steinzeit nicht, wie sie das Feuer nutzen können.	44	21
Steinzeitmenschen kochten über der Feuerstelle. Sie trafen sich am Feuer. Es schenkte ihnen Wärme und Licht.	15	98
Das Feuer war für die Menschen im Mittelalter sehr wichtig, aber auch gefährlich, denn die Menschen hatten in ihren Häusern meist offene Feuerstellen.	9	89
Im Mittelalter waren die Häuser oft aus Holz gebaut, daher konnten sie kaum Feuer fangen.	67	17
Die Häuser im Mittelalter standen weit auseinander, sodass das Feuer kaum auf andere Häuser übergreifen konnte.	28	4
Die Menschen im Mittelalter löschten ihre Brände, indem sie eine Eimerkette bildeten.	51	19
Nach einigen Bränden überlegten sich die Menschen, wie sie ihre Städte vor großen Bränden schützen konnten.	28	32
Die Nachtwächter hatten nichts mit Feuer zu tun.	54	33

3. Male die Felder mit den Lösungsziffern an.

4. Was erkennst du auf dem Bild? ________________________________

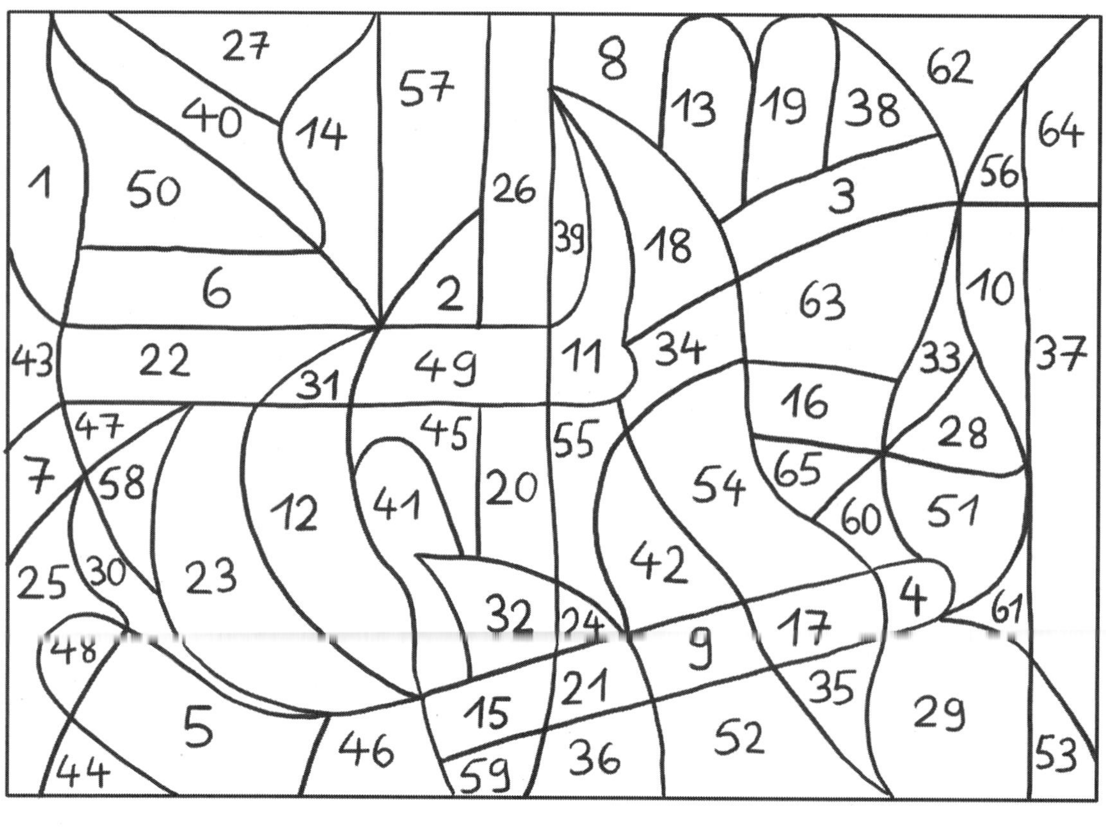

© Persen Verlag

Wie man ein Feuer entzündet

1. Lies den Text.

Ein Feuer entzünden

Früher, in der Steinzeit, konnten die Menschen nicht einfach ein Feuer entzünden, indem sie ein Feuerzeug aus der Tasche zogen. Das gab es damals nämlich noch gar nicht.

Deshalb war es für die Menschen in der Steinzeit sehr mühsam, Feuer zu machen. Sie versuchten es auf mehrere Arten. Zum einen konnten sie warten, bis ein Wald beziehungsweise ein Baum von einem Blitz getroffen wurde und ein Feuer entstand. Wenn ein Vulkan in der Nähe war, konnten sie an der heißen Lava Holz entzünden und so ein Feuer machen.

Später merkten die Menschen, dass es auch andere Möglichkeiten gab, ein Feuer zu entzünden. Diese Methoden entstanden nur, weil die Menschen immer wieder ausprobierten, ein Feuer zu entfachen.

Eine Methode war das „Feuerschlagen“ mit Feuersteinen. Hierbei schlugen die Menschen zwei Feuersteine über ganz trockenem, leicht brennbarem Material gegeneinander. Beim Zusammenschlagen der Steine entstanden Funken, die das Material in Brand setzten. Als Material verwendeten die Menschen zum Beispiel Pflanzen, Äste oder ein Pulver aus Zunderschwamm. Das ist eine Pilzart, die an Bäumen wächst und leicht brennbar ist. Das Material, das leicht brennbar ist, wird Zunder genannt.

Eine weitere Methode, ein Feuer zu entfachen, war der „Feuerquirl“. Hierbei wurde ein Holzstab auf ein Brett gestellt und ganz schnell zwischen beiden Händen hin- und her gedreht. Durch die Reibung entstand so große Hitze, dass ein Feuer entstehen konnte. Deshalb wurde leicht brennbares Material mit auf das Brett gelegt, das Feuer fangen sollte.

Da das Feuermachen mit dem Holzstab sehr anstrengend war, banden die Menschen eine Schnur an einen Bogen, legten diese Schnur doppelt um den Holzstab und zogen den Bogen hin und her. So konnte der Holzstab schnell gedreht werden. Diese Methode heißt „Feuerbohrer“.

© Persen Verlag

Wie man ein Feuer entzündet

2. Verbinde Text, Name und Abbildung der verschiedenen Methoden des Feuermachens miteinander.

Man schlägt zwei Feuersteine gegeneinander. Darunter liegt ganz trockenes, leicht brennbares Material, z. B. Pflanzen oder Äste.

Feuerbohrer

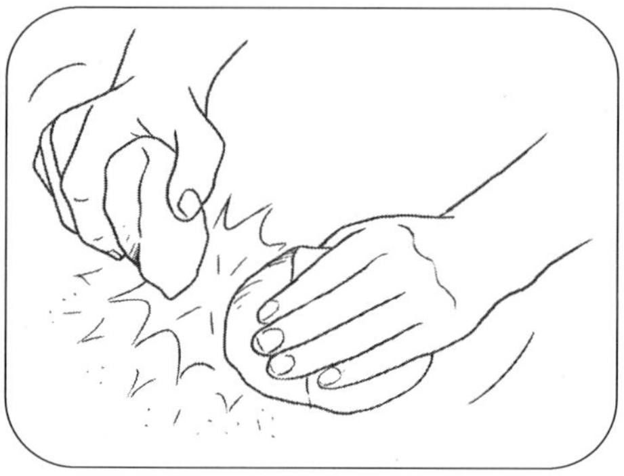

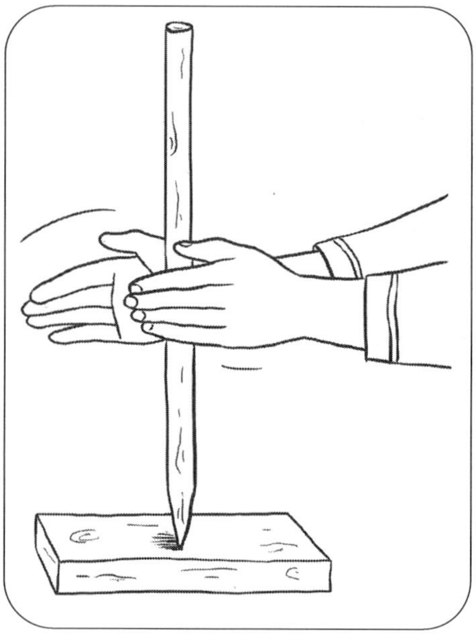

Feuersteine

Man bindet eine Schnur an einen Bogen, legt diese Schnur doppelt um den Holzstab, der auf einem Brett steht, und zieht den Bogen hin und her. So kann der Holzstab schnell gedreht werden.

Feuerquirl

Ein Holzstab wird auf ein Brett gestellt und ganz schnell zwischen beiden Händen hin und her gedreht.

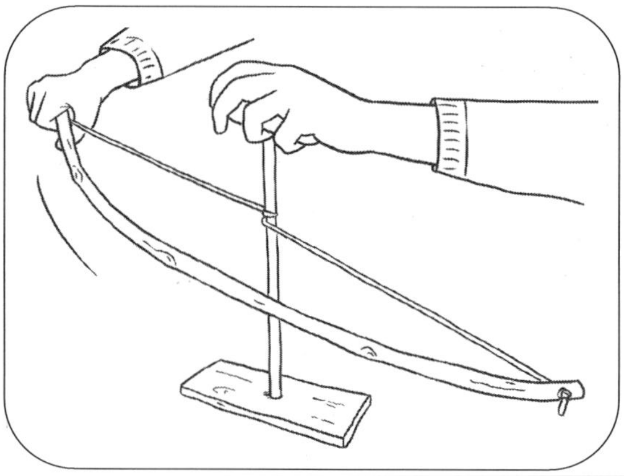

3. Versucht selbst einmal zusammen mit eurem Lehrer, mit diesen Methoden ein Feuer zu entfachen. Welche Methode findet ihr am besten?

© Persen Verlag

Wie wir heute Feuer nutzen

1. **Hier findest du Möglichkeiten, wie wir heute Feuer nutzen. Oftmals ist uns gar nicht bewusst, wofür Feuer notwendig ist. Lies dir die Möglichkeiten durch.**
2. **Male passende Bilder in die Kärtchen.**
3. **Zwei Kärtchen sind noch leer. Schreibe und male weitere Ideen hinein, wie man Feuer nutzen kann.**

Müllverbrennungsanlagen nutzen das Feuer, um Müll zu entsorgen, also zu verbrennen.

Wir können unsere Wohnungen mit einem offenen Kamin/Kaminofen heizen.

Viele Bäcker nutzen das Feuer zum Backen ihrer Brote.

Feuer wird gern zum Grillen benutzt.

Wir heizen unsere Häuser durch das Verbrennen von Gas.

Das Feuer dient als Beleuchtung, z. B. durch Kerzen oder Fackeln.

© Persen Verlag

Regeln für Versuche mit Feuer

Wenn du Versuche mit Feuer machst, musst du dich an bestimmte Regeln halten, damit dir und anderen nichts passiert.
Lies dir die Regeln genau durch!

1. Benutze immer eine feuerfeste Unterlage (z. B. Backblech).

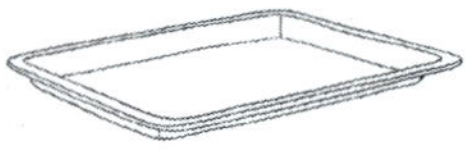

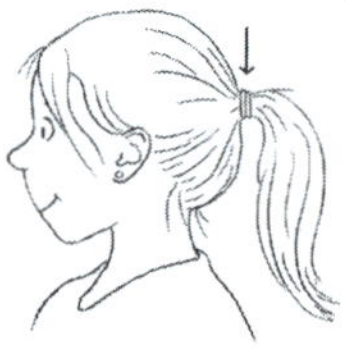

2. Binde deine Haare mit einem Zopfband zusammen, wenn du lange Haare hast.

3. Krempel deine Ärmel hoch, wenn sie etwas länger sind.

4. Halte einen Eimer Wasser bereit, falls du schnell etwas löschen musst.

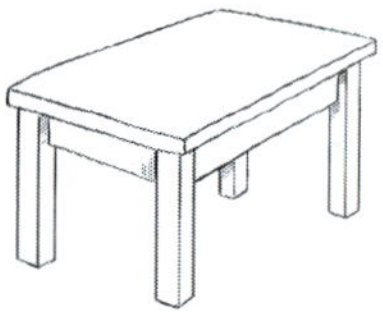

5. Räume alle anderen Materialien vom Tisch.

6. Gehe langsam durch den Klassenraum.

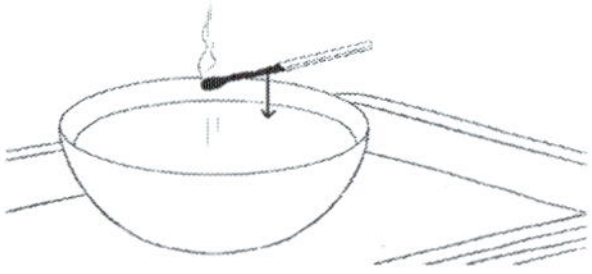

7. Falls Reste entstehen, z. B. abgebrannte Streichhölzer, lösche sie in einer Schale mit Wasser und lege sie auf die feuerfeste Unterlage. Wirf sie auf keinen Fall in den Mülleimer.

8. Führe die Versuche nur unter Aufsicht eines Erwachsenen durch.

9. Bevor du mit einem Versuch beginnst, lies dir zunächst alles gründlich durch und schreibe eine Vermutung auf.

Unterschreibe, wenn du alle Regeln gelesen hast.

Hiermit bestätige ich, dass ich die Regeln für das Arbeiten mit Feuer gelesen habe und sie befolgen werde.

____

Datum, Unterschrift

© Persen Verlag

Streichhölzer: Wie zünde ich sie an?

1. Lies die Sätze.

2. Schneide die Bilder aus und klebe sie passend neben die Anweisungen.

3. Zünde ein Streichholz entsprechend der Anleitung an. Lasse dir dabei von deinem Lehrer helfen.

Öffne die Streichholzschachtel durch Schieben und ziehe ein Streichholz aus der Schachtel. Schließe die Schachtel wieder. Kaputte Streichhölzer darfst du nicht benutzen. Ein Streichholz besteht aus einem kleinen Holzstab mit einem farbigen Kopf (meistens rot) aus einem leicht brennbaren Stoff.	
Halte die Schachtel in der einen Hand fest und das Streichholz in der anderen Hand. Fasse das Streichholz am unteren Ende an, sodass der farbige Kopf frei bleibt.	
Reibe das Streichholz an der schmalen Seite der Streichholzschachtel. Diese Seite ist besonders angeraut. Reibe das Streichholz immer von deinem Körper weg. Wenn du das Streichholz zu nahe am farbigen Kopf anfasst, könntest du dir beim Anzünden die Finger verbrennen. Wenn du das Streichholz aber zu weit unten anfasst, könnte es abbrechen.	
Wenn du das Streichholz angezündet hast, puste es wieder aus. Bitte nicht ausschütteln!	

© Persen Verlag

Streichhölzer: Wie zünde ich sie an?

Lege das abgebrannte Streichholz auf eine feuerfeste Unterlage. Es könnte noch nicht ganz aus sein, sodass es, wenn du es nicht auf eine feuerfeste Unterlage legst, noch etwas anderes entzünden könnte. Am besten ist es, wenn du ein brennendes Streichholz in einer Schale mit Wasser ablöschst. In der Schachtel können sich Streichhölzer nicht von selbst entzünden.	

© Persen Verlag

Das Feuerzeug: Wie benutze ich es?

1. Lies dir den Text durch. Unterstreiche die wichtigsten Inhalte.

2. Nimm dann ein Feuerzeug in die Hand und entzünde es unter Aufsicht eines Erwachsenen.

Nicht nur mit Streichhölzern, sondern auch mit einem Feuerzeug kann ein Feuer entzündet werden.

So funktioniert das Feuerzeug: Ein Brennstoff, z. B. Benzin, der sich in einem Brennstoffbehälter befindet, wird durch einen Funken entzündet. Der Funke entsteht, wenn man mit dem Reibrad an einem Zündstein reibt. Reibrad und Zündstein befinden sich oben auf dem Feuerzeug.

Es gibt aber auch Feuerzeuge, die kein Reibrad haben, sondern eine Taste. Diese muss man drücken, dann wird im Inneren des Feuerzeugs ein Schlagbolzen gegen ein Gestein, z. B. Quarz, geschlagen. Dabei entstehen kleine Funken, die den Brennstoff entzünden.

Es gibt verschiedene Feuerzeugtypen: Benzinfeuerzeuge, Gasfeuerzeuge oder elektrische Feuerzeuge. Viele Feuerzeuge werden weggeworfen, wenn sie leer sind. Es gibt aber auch solche, die man nachfüllen kann, und richtige Sammler-Feuerzeuge. Diese sind sehr wertvoll und z.B. mit Diamanten besetzt.

Übrigens: Feuerzeuge haben eine Kindersicherung!

3. Beschrifte das abgebildete Feuerzeug.

Benzin • Benzinbehälter • Reibrad mit Zündstein

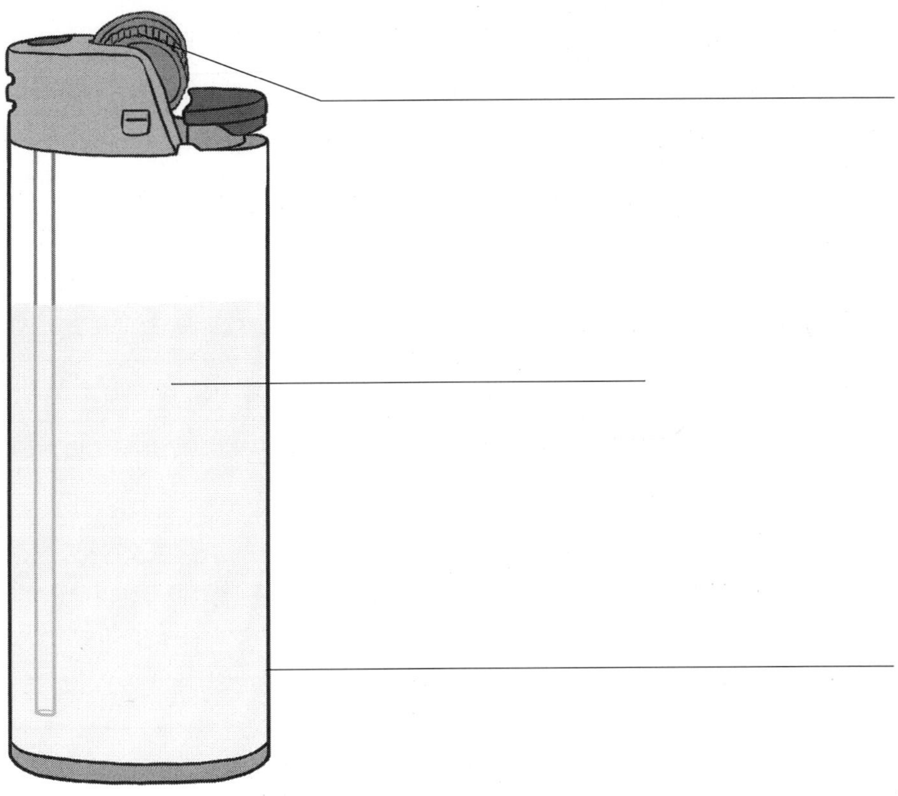

Das Verbrennungsdreieck

1. Lies den Text und schaue dir die Zeichnung genauer an.

2. Unterstreiche die wichtigsten Inhalte.

Ein Feuer kann nur brennen, wenn drei Dinge gegeben sind, nämlich: Sauerstoff, eine Entzündungstemperatur und ein passender, brennbarer Stoff.

Dieser brennbare Stoff kann nur brennen, wenn er auf eine bestimmte Entzündungstemperatur erwärmt wird und wenn Sauerstoff vorhanden ist.

Die drei Bedingungen werden in einer Zeichnung dargestellt, dem Verbrennungsdreieck:

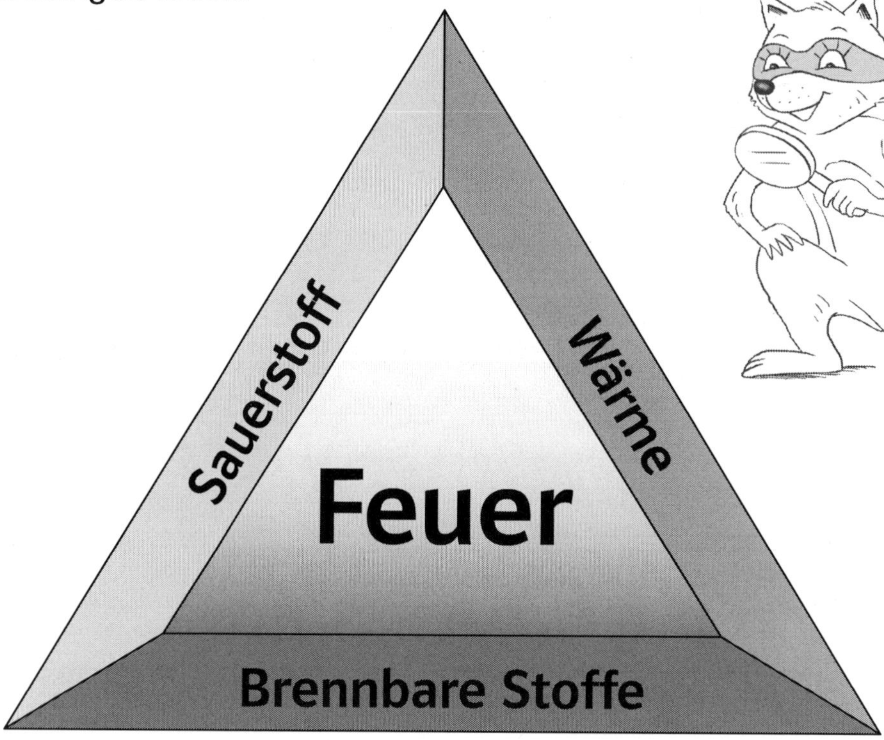

Sauerstoff: Sauerstoff befindet sich in der Luft. Ein Feuer kann nicht ohne Sauerstoff brennen.

Brennbare Stoffe: Dieses Material kann entweder in fester Form vorhanden sein, wie Holz, Kohle oder Papier. Es kann aber auch in flüssiger Form sein, wie Spiritus oder Benzin. Es gibt aber auch gasförmige Materialien, die brennen, wie Erdgas.

Wärme: Damit ein Material entzündet wird, benötigt es eine bestimmte Temperatur.

Wenn eine dieser drei Voraussetzungen fehlt, geht das Feuer aus. Warum ist das so wichtig?

Das Verbrennungsdreieck hilft dabei, wenn man etwas löschen möchte. Man kann nämlich nicht nur mit Wasser löschen, sondern auch, indem man dem Feuer eine der drei Voraussetzungen aus dem Verbrennungsdreieck entzieht. Zum Beispiel kann man etwas löschen, indem man die Temperatur senkt.

© Persen Verlag

3. Schreibe die Wörter in die richtigen Seiten im Dreieck unten und male in der angegebenen Farbe an.

Wärme (rot) • Brennstoff (braun) • Sauerstoff (blau)

4. Schreibe die Wörter an die richtige Seite neben das Dreieck.

Funken • Windböe • Streichholz • Föhn • Luft eines Luftballons • Heu • Pappe • Benzin • Feuerzeug

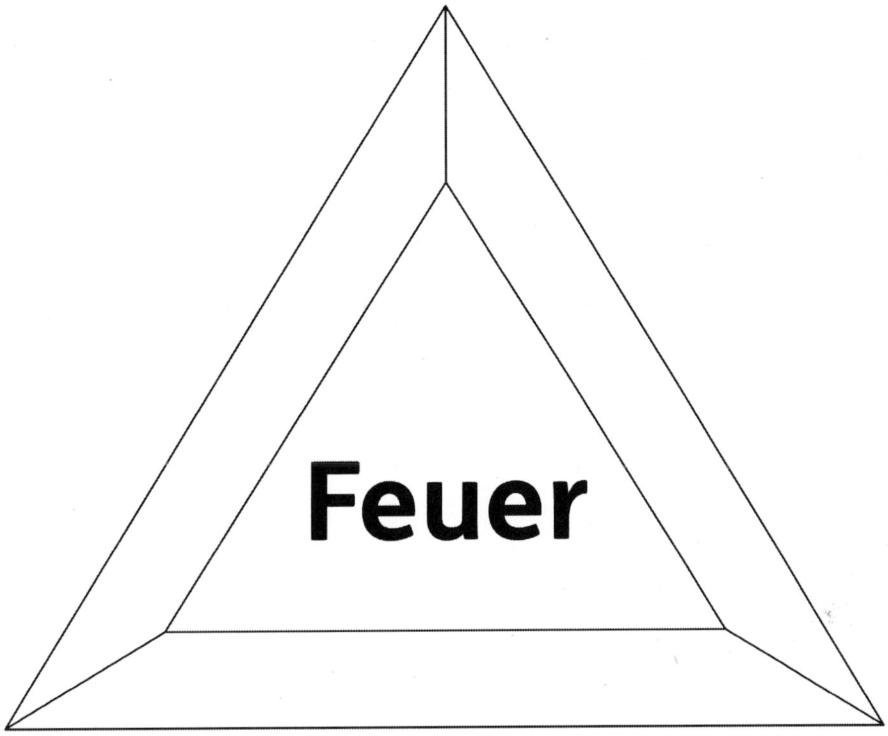

5. Finde noch weitere Wörter und schreibe sie an die Zeichnung des Verbrennungsdreiecks.

© Persen Verlag

Feuerversuch: Brennbare Stoffe

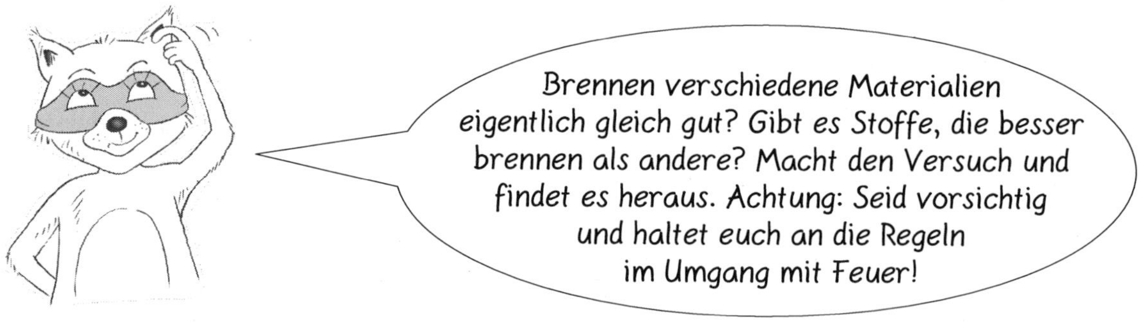

Führt den Versuch zusammen durch. Seid dabei sehr vorsichtig und haltet euch an die Regeln im Umgang mit Feuer.

Material

- eine feuerfeste Unterlage (z.B. Backblech)
- eine Schüssel mit Wasser
- ein Teelicht
- ein Streichholz oder ein Feuerzeug
- eine Zange
- verschiedene Gegenstände: trockenes Heu, Holzstück, Holzwolle, Glasscherbe, kleiner Stein, Plastik, Gummi, Alufolie, trockenes Blatt, Wollfaden, Papier, Stoff, Geldstück

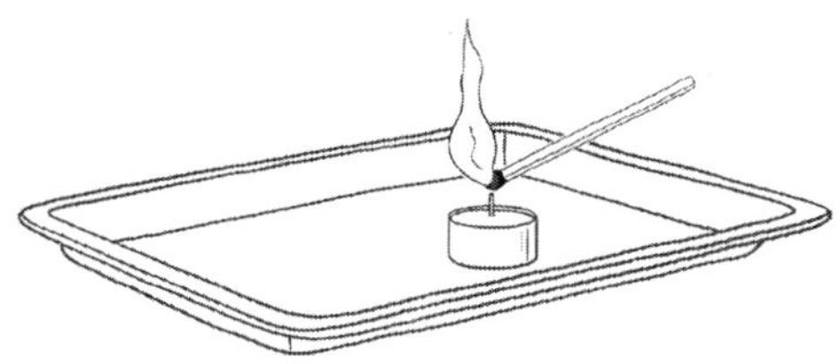

1. Stellt das Teelicht auf die feuerfeste Unterlage. Zündet die Kerze mit dem Feuerzeug oder Streichholz an.
2. Sucht jeweils einen Gegenstand aus, den ihr in die Flamme halten wollt. Schreibt zunächst in die Tabelle eure Vermutung, wie gut oder schlecht der Gegenstand brennen wird.

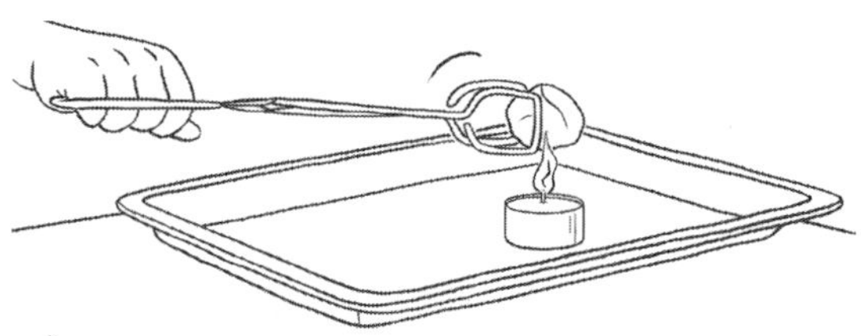

3. Haltet dann den jeweiligen Gegenstand mit der Zange in die Flamme.
4. Schreibt in die Tabelle, was passiert.

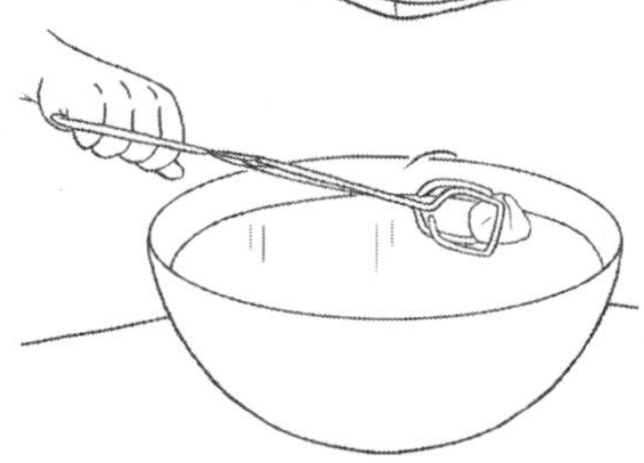

5. Gebt den Gegenstand in das Wasser.
6. Macht mit dem nächsten Gegenstand weiter und tragt zunächst wieder eure Vermutung in die Tabelle ein.
7. Schreibt auf: Welche Stoffe brennen besonders gut?

____

© Persen Verlag

Feuerversuch: Brennbare Stoffe

8. Findet noch weitere Gegenstände, die ihr ausprobieren wollt. Denkt daran, eure Vermutung vorher zu notieren.

Gegenstände	Vermutung	brennt sofort	schmilzt	brennt nach längerer Zeit	weitere Beobachtung
trockenes Heu					
Holzstück					
Holzwolle					
Glasscherbe					
kleiner Stein					
Plastik					
Gummi					
Alufolie					
trockenes Blatt					
Wollfaden					
Papier					
Stoff					
Geldstück					

Es gibt verschiedene Brennstoffe: flüssige Stoffe wie Benzin, feste Stoffe wie Papier oder Pappe und gasförmige Stoffe wie Erdgas. Die brennbaren Stoffe fangen aber nicht alle gleich schnell an zu brennen. Einige Stoffe sind sehr leicht entzündlich, wie zum Beispiel Spiritus. Diese leicht entzündlichen Stoffe können auch ohne eine Flamme entzündet werden, nämlich nur durch eine bestimmte Temperatur. Wenn dieser Stoff mit Sauerstoff in Verbindung kommt und diese bestimmte Temperatur herrscht, dann fängt dieser Stoff von selbst an zu brennen. Diese Temperatur wird Zündtemperatur genannt.

© Persen Verlag

Die Kerze I

1. Lies das Interview.

Wilma Waschbär: Hallo Frau Kerze, schön, dass Sie heute Zeit für ein Interview haben!

Frau Kerze: Das ist doch selbstverständlich. Solange ich nicht ausgehe, stehe ich Ihnen gerne zur Verfügung.

Wilma Waschbär: Wie lange gibt es Sie und Ihre Verwandten denn schon?

Frau Kerze: Ach, uns gibt es schon sehr lange. Wir wurden vor mehr als 5000 Jahren erfunden. Die Römer zum Beispiel tauchten aufgerolltes Papyrus in Talg oder Bienenwachs und entzündeten es. Wir Kerzen spendeten Licht, als es noch keine Glühlampen gab. Wir wurden aber auch für symbolische Handlungen verwendet, wie z. B. in der Kirche.

Wilma Waschbär: Wie kann es eigentlich sein, dass Sie über einen längeren Zeitraum brennen?

Frau Kerze: Wir Kerzen bestehen aus Wachs und einem Docht mit Wachs.

Wilma Waschbär: Das habe ich bereits gewusst. Ich weiß aber leider nicht, wie das mit dem Wachs funktioniert.

Frau Kerze: Das Wachs wird durch die Hitze der Flamme flüssig. Es steigt im Docht auf, dieser ist saugfähig. Je weiter das Wachs im Docht nach oben steigt, desto heißer wird es. Schließlich verdampft es. Es ist also Wachsdampf, der bei einer Kerze verbrennt.

Wilma Waschbär: Aber warum geht die Flamme nicht aus?

Frau Kerze: Weil die Flamme weiteren Wachs schmilzt. Der Docht zieht wieder neues, geschmolzenes Wachs nach. So geht die Flamme nicht aus.

Wilma Waschbär: Oh, ich spüre gerade einen kleinen Windstoß! Dann gehe ich lieber. Ich will auf keinen Fall schuld daran sein, dass Sie ausgehen!

Frau Kerze: Ja, jetzt merke ich den Windstoß auch. Auf Wiedersehen, Frau Waschbär!

© Persen Verlag

2. Führt zusammen den Versuch durch. Seid dabei sehr vorsichtig und haltet euch an die Regeln im Umgang mit Feuer.

Material

- ein Teelicht
- Streichhölzer
- eine feuerfeste Unterlage
- eine Schale mit Wasser
- ein Stück schwarzes Papier
- Zeichenpapier
- Buntstifte

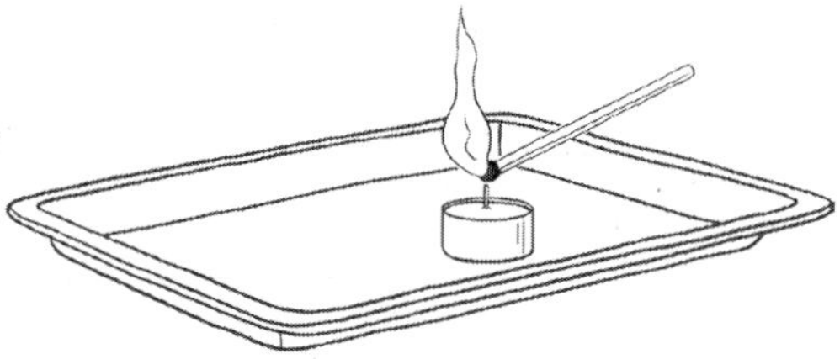

1. Nehmt euch ein Teelicht. Stellt es auf die feuerfeste Unterlage und zündet es mit einem Streichholz an.
2. Pustet das Streichholz aus und werft es in die Schale mit Wasser.

3. Betrachtet die Flamme des Teelichtes genau. Haltet ein Stück schwarzes Papier hinter die Flamme.
4. Zeichnet die Kerze mit der Flamme ab.
5. Malt die Flamme in den richtigen Farben an.
6. Schreibt alles, was ihr über die Kerze wisst, an eure Zeichnung.

© Persen Verlag

Die Kerze II

1. Führt den Versuch zusammen durch. Seid dabei sehr vorsichtig und haltet euch an die Regeln im Umgang mit Feuer.

Material

- eine feuerfeste Unterlage
- ein Teelicht
- Streichhölzer
- mehrere längere Hölzer, z.B. Schaschlikspieße
- eine Schale mit Wasser

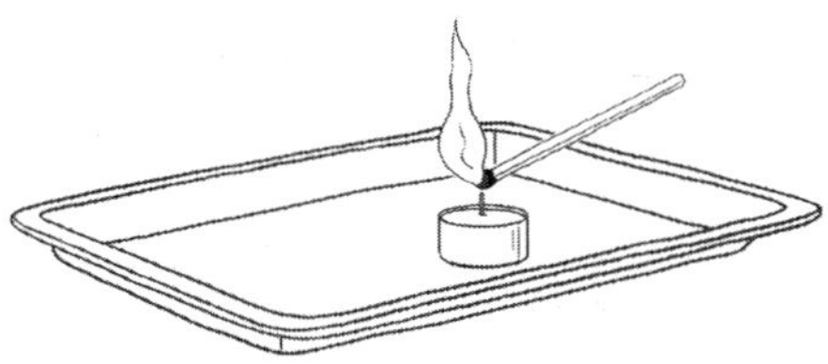

1. Stellt ein Teelicht auf eine feuerfeste Unterlage. Zündet das Teelicht mit einem Streichholz an.
2. Pustet das Streichholz aus und werft es in die Schale mit Wasser.

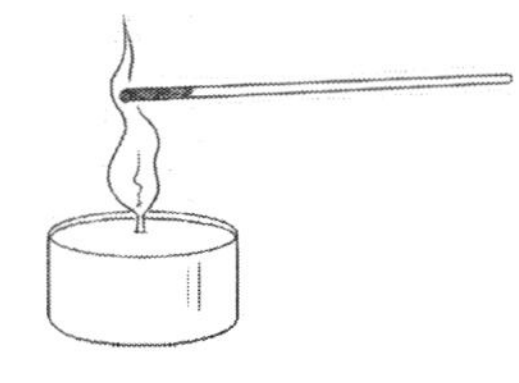

3. Haltet nun einen Holzstab waagerecht in die Flamme. Wartet ein paar Sekunden, bis der Holzstab eingefärbt ist, aber noch nicht brennt.
4. Untersucht den Holzstab. Was könnt ihr erkennen? Schreibt es auf:

____

____

5. Haltet nun mehrere Holzstäbe nacheinander waagerecht in die Flamme. Haltet den ersten Stab in die Nähe des flüssigen Wachses. Den nächsten Stab haltet ihr etwas höher und die weiteren Stäbe auch immer ein Stückchen höher, bis ihr zur Spitze der Flamme kommt. Nun könnt ihr die Flammenzeichnung auf den Stäben miteinander vergleichen.
6. Legt die Holzstäbe übereinander und untersucht sie. Was könnt ihr erkennen? Schreibt es auf.

____

____

© Persen Verlag

Die Kerze II

7. Zeichnet die Flammenzeichnung, die ihr auf den Holzstäben seht, in den Rahmen.

2. Wo also ist die Flamme der Kerze am heißesten? Schreibe auf.

3. Finde im Internet heraus, wie die Zonen der Flamme genannt werden. Schreibe die Feuerzonen an die Zeichnung.

Feuerversuch: Wann brennt ein Feuer?

1. Führt den ersten Versuch zusammen durch. Seid dabei sehr vorsichtig und haltet euch an die Regeln im Umgang mit Feuer.

____

Erster Versuch:

Material

- ein Teelicht
- Streichhölzer
- eine feuerfeste Unterlage
- ein Glas
- eine Schale mit Wasser

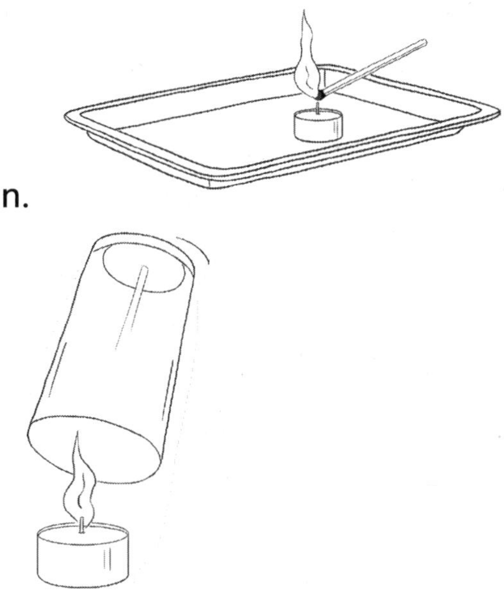

1. Stellt das Teelicht auf die feuerfeste Unterlage.
2. Zündet das Teelicht mithilfe eines Streichholzes an.
3. Pustet das Streichholz aus und werft es in die Schale mit Wasser.
4. Nehmt das Glas und stülpt es über die Kerze.
5. Schreibt eure Beobachtungen auf.

____

____

6. Erklärt eure Beobachtungen.

____

____

© Persen Verlag

Feuerversuch: Wann brennt ein Feuer?

2. Führt den zweiten Versuch zusammen durch. Seid dabei sehr vorsichtig und haltet euch an die Regeln im Umgang mit Feuer.

Zweiter Versuch:

Material
- drei Teelichter
- Streichhölzer
- eine feuerfeste Unterlage
- drei unterschiedlich große Gläser
- eine Schale mit Wasser

1. Stellt die Teelichter auf die feuerfeste Unterlage.
2. Zündet die Teelichter mithilfe der Streichhölzer an.
3. Pustet die Streichhölzer aus und werft sie in die Schale mit Wasser.
4. Stülpt nun möglichst gleichzeitig jeweils ein Glas über jedes Teelicht.
5. Schreibt eure Beobachtung auf.

6. Erklärt eure Beobachtung.

3. Findet im Internet den Versuch „Kerzenfahrstuhl". Erklärt der Klasse, was da passiert. Vielleicht dürft ihr den Versuch ja selbst ausprobieren und ihn präsentieren.

© Persen Verlag

Bringt Rauch die Flamme zurück?

1. Lest zuerst den Versuch durch. Führt dann den ersten Versuch zusammen durch. Seid dabei sehr vorsichtig und haltet euch an die Regeln im Umgang mit Feuer.

Material
- eine feuerfeste Unterlage
- ein Teelicht
- Streichhölzer
- eine Schüssel mit Wasser

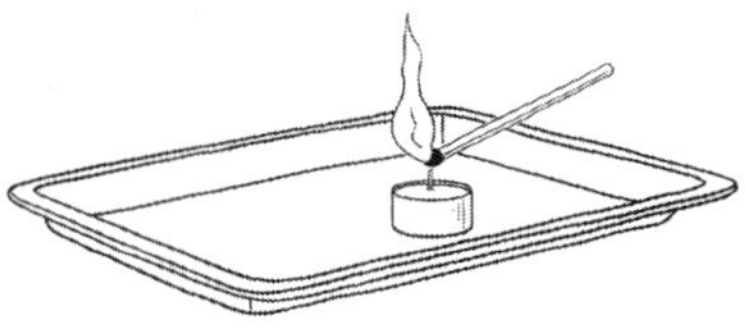

1. Zündet ein Teelicht mithilfe eines Streichholzes auf einer feuerfesten Unterlage an. Wartet einige Minuten und lasst das Teelicht brennen.
2. Pustet nun das Teelicht aus und zündet dann sofort ein Streichholz an.
3. Haltet das brennende Streichholz über den Docht in den aufsteigenden Rauch. Die Flamme des Streichholzes darf den Docht nicht berühren. Was könnte passieren? Schreibt es auf.

____

____

____

4. Führt den Versuch durch.
5. Schreibt auf, was passiert ist.

____

____

____

6. Warum ist das so? Schreibt eure Vermutung auf.

____

____

____

2. Führt das Experiment erneut durch. Haltet das Streichholz aber dieses Mal nach dem Auspusten der Kerze neben den Docht. Beim nächsten Versuch haltet ihr das Streichholz dann etwas weiter oben hin.

© Persen Verlag

Ein Feuer löschen I

1. Überlege, welche Brandursachen dir einfallen. Nenne mindestens drei Ursachen und schreibe sie in die Flammen.

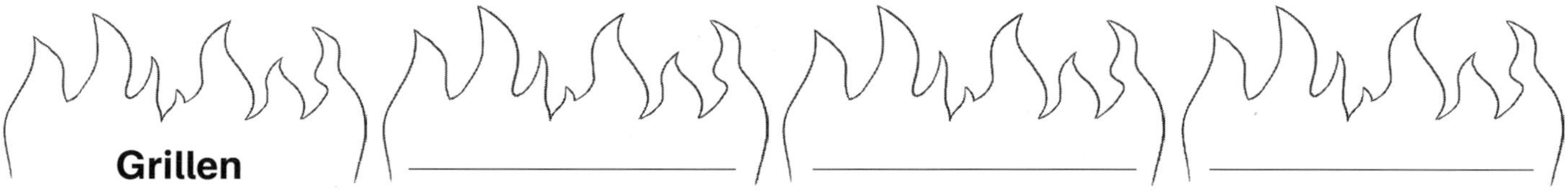

2. Überlege, welche Möglichkeiten es gibt, ein Feuer zu löschen. Schreibe auf.

3. Was glaubst du, welches ist das am häufigsten verwendete Löschmittel? Welche Vorteile hat dieses Löschmittel?

© Persen Verlag

Ein Feuer löschen II

1. Lies das Interview.

Wilma Waschbär: Hallo Herr Janssen, schön, dass Sie heute Zeit für mich haben. Ich würde Sie gerne über das Löschen eines Feuers interviewen. Da kennen Sie sich doch sicherlich gut aus?

Feuerwehrmann Timo Janssen: Hallo Wilma! Sage gerne Timo zu mir. Natürlich kenne ich mich mit dem Feuerlöschen aus. Ich bin ja schließlich ein Feuerwehrmann. Also, was willst du wissen?

Wilma Waschbär: Manchmal benutzt die Feuerwehr Schaum, manchmal Wasser und manchmal sogar ganz andere Mittel zum Löschen. Warum ist das so?

Timo Janssen: Es kommt immer darauf an, was brennt. Danach wählen wir das Löschmittel aus.
Wenn ein Feuer gelöscht werden soll, so muss ihm eine der drei Bedingungen, die es am Brennen halten, entzogen werden. Beim Löschen muss man also dem Feuer entweder die Wärme, den Sauerstoff oder den Brennstoff wegnehmen. Dann geht das Feuer aus.

Wilma Waschbär: Meistens kann ein Feuer aber durch Wasser gelöscht werden, oder?

Timo Janssen: Ja, meistens kann ein Feuer mithilfe von Wasser gelöscht werden, aber leider nicht immer. Wasser kühlt die Temperatur ab und entzieht dem Feuer den Sauerstoff. Wenn jedoch eine brennbare Flüssigkeit Feuer gefangen hat, darf man es nie mit Wasser löschen. Wenn zum Beispiel Öl brennt, so muss man es ersticken, also dem Feuer den Sauerstoff wegnehmen. Öl und Wasser mischen sich nämlich nicht und das Wasser verdampft. Dabei reißt es kleine Fetttröpfchen mit, die sich entzünden. Dadurch entsteht eine riesige Stichflamme, die extrem gefährlich ist.

© Persen Verlag

Ein Feuer löschen II

	Mit Wasser löscht man vor allem feste Stoffe wie zum Beispiel Holz. Das Material kühlt ab und die Temperatur reicht nicht mehr, um ein Feuer brennen zu lassen.
Wilma Waschbär:	Welche Löschmittel gibt es denn noch?
Timo Janssen:	Es gibt zum Beispiel noch Schaum als Löschmittel.
Wilma Waschbär:	Badeschaum?

Timo Janssen:	Nein, Schaum aus dem Feuerlöscher. Wenn Schaum zum Löschen verwendet wird, so wird das Feuer von dem Schaum bedeckt und es gelangt kein Sauerstoff mehr an die Flammen. Dann geht das Feuer aus. Außerdem wird dadurch auch die Entzündungstemperatur gesenkt. Schaum wird meistens eingesetzt, wenn eine Flüssigkeit brennt. Auch Löschpulver wird oft verwendet. Es erstickt die Flamme. Ein weiteres Löschmittel ist Kohlendioxid. Wenn Gas brennt, wird Kohlendioxid eingesetzt. Es ist schwerer als Luft, verdrängt den Sauerstoff aus der Luft und erstickt dann die Flammen. Auch der Einsatz von Löschsand ist möglich. Hierbei wird die Flamme ebenfalls erstickt.
Wilma Waschbär:	Vielen Dank für die vielen Informationen. Wenn es mal bei mir brennt, rufe ich dich auf jeden Fall an, Timo.
Timo Janssen:	Ich komme zwar gerne zu dir, aber schneller und besser ist es, wenn du bei einem Brand die Nummer 112 wählst. Das ist der Notruf.
Wilma Waschbär:	Danke für den Hinweis!

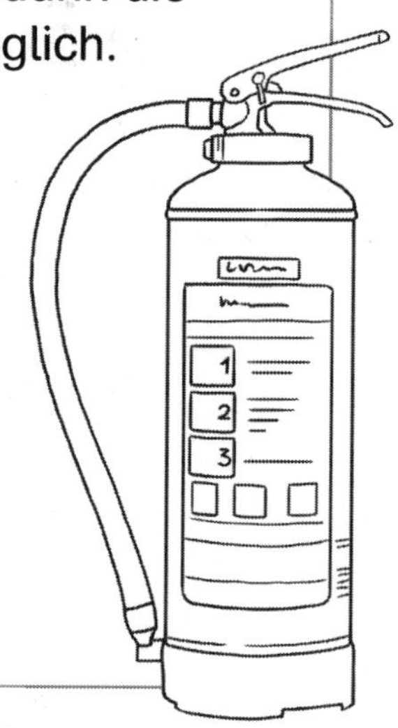

© Persen Verlag

Ein Feuer löschen II

2. Fülle die Lücken im Text aus.

Wenn ein Feuer mit Schaum gelöscht wird, dann wird

dem Feuer ______________________________ entzogen.

Wenn ein Feuer mit Wasser gelöscht wird, dann wird

dem Feuer ______________________________ entzogen.

Wenn einem Lagerfeuer das Holz entnommen wird, dann wird

dem Feuer ______________________________ entzogen.

3. Schaue dir die Abbildungen genau an. Überlege, wie man welches Feuer am besten löschen kann und schreibe es auf die Linie unter der Zeichnung.

____

____

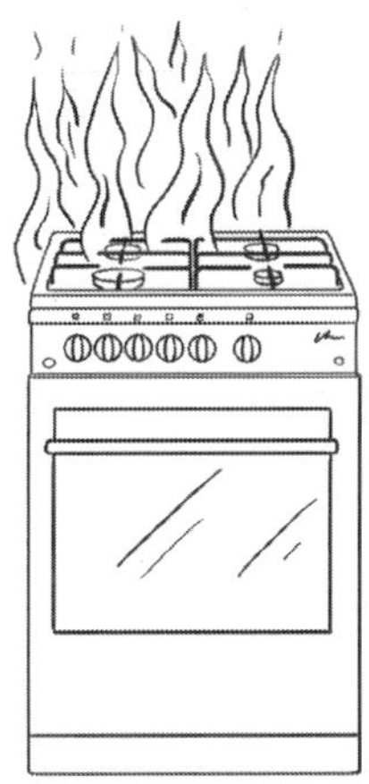

____

____

____

____

© Persen Verlag

Der Feuerwehr-Notruf

Falls es bei dir brennt, musst du einen Notruf absetzen. Das kannst du von jedem normalen Telefon oder vom Handy aus machen. Wenn du einen Brandfall melden möchtest, musst du die Nummer 112 wählen. Dein Anruf geht dann in einer Leitstelle ein. Ein Mitarbeiter stellt dir dann folgende Fragen, die du beantworten musst. Lege danach nicht auf, sondern warte ab, ob dir noch weitere Fragen gestellt werden.

Wo ist etwas geschehen?
Was ist geschehen?
Wie viele Personen sind betroffen?
Welche Art von Verletzung / Schaden / Erkrankung liegt vor?
Warte auf Rückfragen!

Wenn ein Notruf in der Leitstelle eingeht, ist große Eile gefordert. Die zuständige Feuerwache wird alarmiert. Das heißt, ihr wird alles mitgeteilt, was schon über den Notfall bekannt ist. Die Feuerwehrleute fahren schnellstmöglich mit ihrer Ausrüstung zum Einsatzort.

© Persen Verlag

Der Feuerwehr-Notruf

1. Lies den Text.

Stelle dir folgende Situation vor: Du spielst mit deinem Freund bei ihm zu Hause im Kornblumenweg 28 in Bremen im Garten. Ihr habt eine super Idee: Ihr wollt ein kleines Lagerfeuer machen und ein paar Würstchen grillen. Ihr besorgt euch ein wenig Holz und kleine Holzspäne und entzündet mit einem Feuerzeug, das ihr im Schuppen gefunden habt, das Feuer. Nach einer Weile ist das Feuer groß genug und ihr spießt eure Würstchen auf lange Holzstöcke und haltet sie ins Feuer. Da es sehr lange dauert, bis die Würstchen fertig sind, legt ihr die Stöcke auf Steine und lasst die Würstchen von alleine fertig werden. In der Zwischenzeit macht ihr ein kleines Fußballmatch.

Leider vergesst ihr das Feuer und die Würstchen dabei. Als ihr euch wieder an das Feuer erinnert, ist es schon zu spät: Die Hecke hat Feuer gefangen und es ist schon ein großer Teil der Hecke verbrannt. Die Würstchenstöcke sind auch schon ganz schwarz. Dein Freund will sein Würstchen retten, dabei verbrennt er sich sehr stark an der Hand.

2. Was musst du tun? Schreibe auf.

Mit dem Telefon die Nummer ______ wählen.

3. Schreibe die Angaben zu deinem Notruf auf.

Wo ist es geschehen?

Was ist geschehen?

Wie viele Personen sind verletzt?

Welche Art von Verletzung liegt vor?

Warten auf Rückfragen. Was könnte noch gefragt werden?

Zum Glück ist alles nur ausgedacht und dir und deinem Freund ist gar nichts passiert!

© Persen Verlag

Die Aufgaben der Feuerwehr

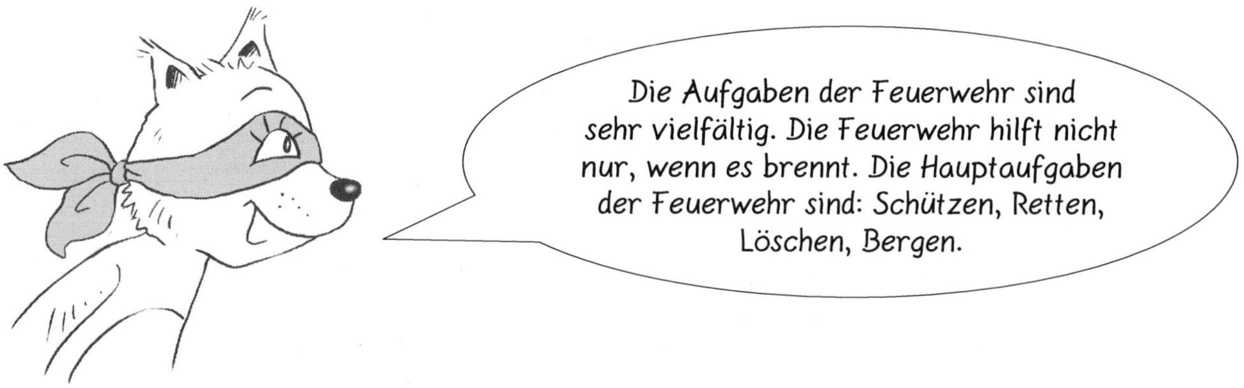

1. Überlege dir, welche Bilder zu welchen Aufgaben gehören. Es gehören immer zwei Textkästen zu einem Bild. Verbinde die Kästen mit dem passenden Bild.

2. Schreibe dann die Hauptaufgabe zum passenden Bild.

Wenn Menschen in Gefahr sind, zum Beispiel bei einem Hochwasser, hilft die Feuerwehr ihnen.

Die Feuerwehr löscht Hausbrände. Wasser nutzt sie aus Hydranten oder sie kommt mit einem Tanklöschfahrzeug, in dem sich ein gefüllter Wassertank befindet.

Die Feuerwehr löscht auch brennende Autos.

Wenn ein Unfall passiert ist, rettet die Feuerwehr eingeklemmte Personen.

Die Feuerwehr hilft bei Hochwasser dabei, Häuser zu schützen. Sie kann z.B. das ins Haus gelaufene Wasser mit Pumpen wieder aus dem Haus herauspumpen.

Wenn ein Unfall passiert ist, birgt die Feuerwehr das verunglückte Fahrzeug.

Die Feuerwehr hilft, wenn es einen Unfall gibt, bei dem Öl ausläuft.

Die Feuerwehr rettet mit ihrer hohen Drehleiter auch Tiere aus hohen Bäumen.

© Persen Verlag

Bei einem Feuer muss man schnell reagieren! Deshalb gibt es Geräte und Vorrichtungen, die beim Ausbruch eines Feuers warnen, die verhindern, dass sich ein Feuer weiter ausbreitet, oder Geräte, die ein kleines Feuer löschen können. Hier findest du einige von ihnen.

1. Lies die Texte und verbinde die Bilder mit dem jeweils passenden Text.

Hydranten/Wandhydranten gibt es, damit die Feuerwehr bei einem Brand schnell an Wasser kommt. Hydranten befinden sich auf der Erde, unter der Erde oder manchmal sogar in Gebäuden in der Wand. Es gibt Hinweisschilder auf denen angegeben ist, wo sich ein Hydrant befindet.

Rauchmelder piepsen laut, wenn Rauch entsteht. So warnen sie Menschen vor Feuer.
In vielen Haushalten gibt es bereits Rauchmelder. Seit 2016 sind sie in Wohnhäusern in fast allen Bundesländern in Deutschland Pflicht.

Feuerlöscher gibt es in fast allen Gebäuden. Sie sind schnell einsatzbereit: Im Feuerlöscher ist ein Löschmittel (oft ein Pulver), das man auf die Flammen sprüht. Dadurch fehlt dem Feuer der Sauerstoff und es erstickt.

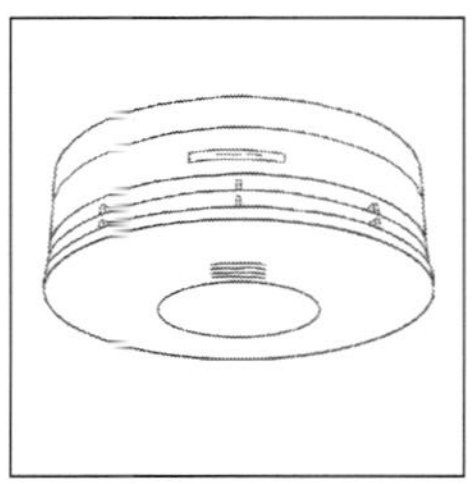

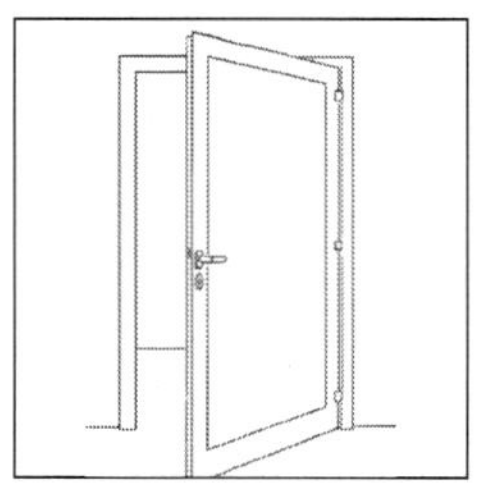

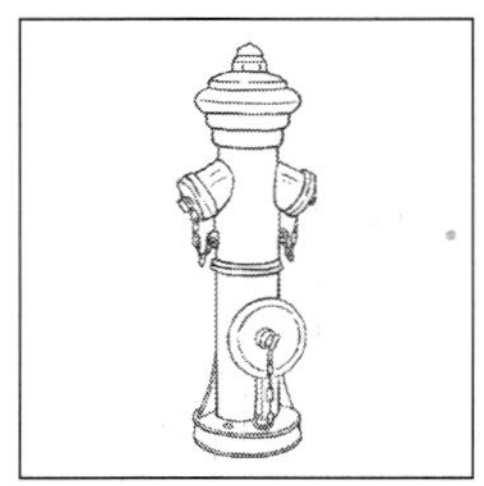

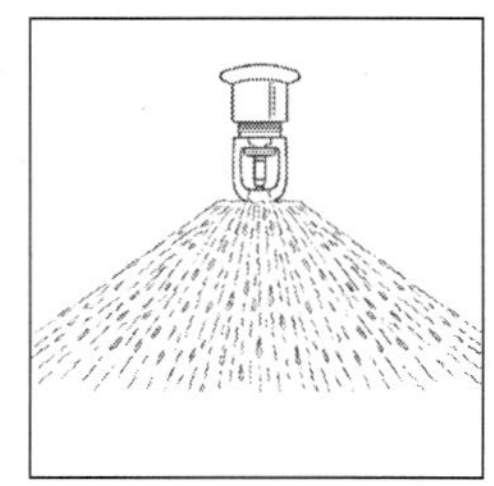

Mit dem **Feuermelder** kannst du die Feuerwehr alarmieren, wenn du ein Feuer bemerkst. In der Zentrale der Feuerwehr geht ein Warnsignal ein und die Feuerwehr kann sofort reagieren. Dafür muss eine kleine Scheibe am Feuermelder eingeschlagen werden.

Sprinkleranlagen gibt es in einigen öffentlichen Gebäuden. Sie reagieren von selbst, wenn ein Brand ausbricht. Sie versprühen Wasser, damit sich der Brand nicht weiter ausbreitet.

Feuerschutztüren sind in vielen öffentlichen Gebäuden Pflicht. Die Türen schließen sich im Falle eines Brandes und verhindern so, dass sich das Feuer auf andere Bereiche des Gebäudes ausbreiten kann.

© Persen Verlag

2. Schreibe auf, welche Geräte beziehungsweise Vorrichtungen zum Brandschutz du in deiner Umgebung (Wohnhaus, Schulgebäude usw.) findest. Schreibe auch ihren genauen Ort auf.

© Persen Verlag

Feuer-Rätsel

1. Lies dir die Fragen durch und schreibe die Lösungen auf.

2. Wenn du alles richtig erraten hast, erhältst du ein Lösungswort.

1. Wie heißt die Zeichnung, die die drei Bedingungen für das Brennen eines Feuers darstellt?
2. Um ein Feuer zu entzünden, kannst du ein Feuerzeug oder ein … benutzen.
3. Wenn Fett brennt, darf es auf keinen Fall mit … gelöscht werden.
4. Was befindet sich im Inneren eines Feuerzeuges?
5. Wie wird die Methode des Feueranzündens genannt, bei der ein Holzstab auf einem Holzbrett schnell zwischen den Händen hin und her gedreht wird?
6. Wie haben die Menschen im Mittelalter ein Feuer gelöscht? Sie füllten Eimer mit Wasser und bildeten eine … .
7. Wie wird die Temperatur genannt, bei der sich ein Stoff nur in Verbindung mit Sauerstoff und einer bestimmten Temperatur von selbst entzündet?
8. Welcher flüssige Brennstoff ist sehr leicht entzündlich?
9. Welche Bedingung für das Brennen eines Feuers fällt weg, wenn ein Glas über ein brennendes Teelicht gestülpt wird?
10. Die Aufgaben der Feuerwehr sind Schützen, Retten, Löschen und … .
11. Was muss in jedem Haushalt als Sicherheitseinrichtung vorhanden sein?
12. Zunder ist ein leicht entflammbares ….

1.																			1
2.										8									
3.		9																	
4.		5																	
5.		2																	
6.			11																
7.	4																		
8.				3															
9.										7									
10.						6													
11.						10													
12.			12																

Lösungswort:

1	2	3	4	5	6	7	8	9	10	11	12

© Persen Verlag

Lernzielkontrolle

Name: ______________________ Datum: ______________

1. Wie machten die Menschen früher Feuer? Nenne drei Möglichkeiten.

2. Welche drei Dinge benötigt ein Feuer zum Brennen?

3. Stelle die Bedingungen, die ein Feuer zum Brennen benötigt, mithilfe einer Zeichnung dar.

4. Schreibe auf, was passieren wird. Begründe deine Meinung.

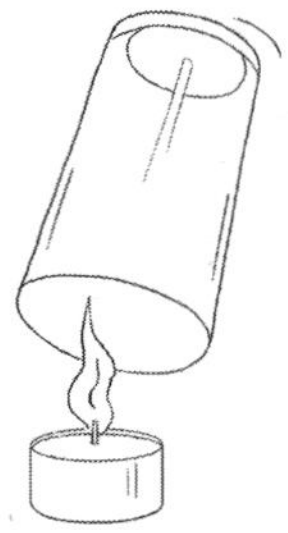

5. Was brennt, was brennt nicht? Kreuze an.

	brennt	brennt nicht
Holzstück		
Glas		
Geldstück		
Gummi		
Benzin		
Papier		

© Persen Verlag

6. Nenne vier Methoden, wie man ein Feuer löschen kann.

____

____

____

____

7. Was entziehen die Löschmaterialien dem Feuer? Vervollständige die Sätze.

Wenn ein Feuer mit Wasser gelöscht wird, dann wird dem Feuer

______________________ entzogen.

Wenn ein Feuer mit Schaum gelöscht wird, dann wird dem Feuer

______________________ entzogen.

Wenn einem Lagerfeuer das Holz entnommen wird, dann wird dem Feuer

______________________ entzogen.

8. Welche Fragen musst du beantworten, wenn du bei einem Brand den Notruf anrufst?

____

____

____

____

9. Wie lautet die Notrufnummer?

____

© Persen Verlag

Fachbegriffe zum Thema Feuer

Thema	Erklärung/Lösung
Möglichkeiten, ein Feuer zu entzünden	Feuersteine, Feuerquirl, Feuerbohrer, Feuerzeug, Streichhölzer
Nutzungsmöglichkeiten von Feuer	Grillen, Kochen, Heizen, Leuchten, Backen
Brennbare Stoffe bzw. Gegenstände (Beispiele)	Holz, Holzwolle, Papier, Heu, Stroh, Zunder, Pappe, Öl, Gas …
Aufgaben der Feuerwehr	Retten, Löschen, Schützen, Bergen
Geräte für den Brandschutz	Feuerlöscher, Feuerschutztür, Hydrant, Rauchmelder, Feuermelder
Materialien, um ein Feuer zu löschen (Beispiele)	Schaum, Wasser, Löschsand, Löschpulver, Kohlendioxid

Das Verbrennungsdreieck

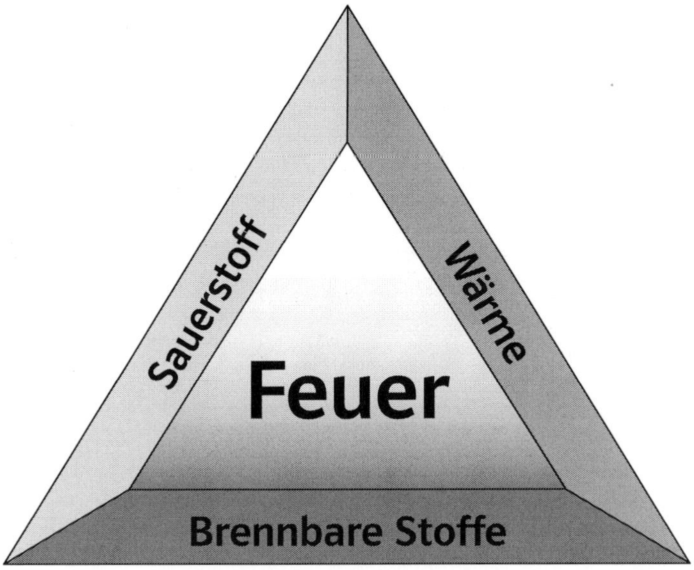

Die Flamme

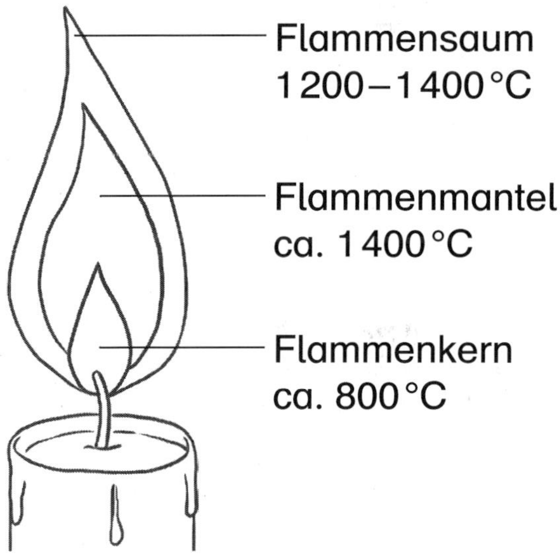

Feuerwehr-Notruf: 112

Die 5 W-Fragen für einen Notruf:

- Wo ist etwas geschehen?
- Was ist geschehen?
- Wie viele Personen sind betroffen?
- Welche Art von Verletzung/Schaden/Erkrankung liegt vor?
- Warten auf Rückfragen.

© Persen Verlag